Impressum
Verlag: BABADADA GmbH, Nedderfeld 112 , 22529 Hamburg
Geschäftsführer / Verlagsleitung: Harald Hof
Druck: Books on Demand GmbH, In de Tarpen 42, 22848 Norderstedt

Imprint
Publisher: BABADADA GmbH, Nedderfeld 112 , 22529 Hamburg, Germany
Managing Director / Publishing direction: Harald Hof
Print: Books on Demand GmbH, In de Tarpen 42, 22848 Norderstedt

σχολείο
la escuela

σχολική τάξη
el aula

διαιρώ
dividir

$186/2$

πίνακας
la pizarra

δάσκαλος
el maestro/a

σχολική αυλή
el patio

χαρτί
el papel

γράφω
escribir

στυλό
el bolígrafo

γραφείο
el escritoria

χάρακας
la regla

βιβλίο
el libro

μαθητής
el alumno/a

σχολική τσάντα
la cartera

κασετίνα/ μολυβοθήκη
la caja de lápices

μολύβι
el lápiz

ξύστρα
el sacapuntas

γόμα
la goma de borrar

μπλοκ ζωγραφικής
el cuaderno de dibujo

2

σχολείο - la escuela

ζωγραφική

el dibujo

πινέλο

el pincel

κουτί χρωμάτων

la caja de pinturas

ψαλίδι

las tijeras

κόλλα

el pegamento

τετράδιο ασκήσεων

el cuaderno de ejercicios

εργασία για το σπίτι

los deberes

αριθμός

el número

προσθέτω

sumar

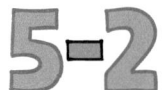

αφαιρώ

restar

πολλαπλασιάζω

multiplicar

υπολογίζω

calcular

γράμμα

la letra

αλφάβητο

el alfabeto

λέξη

la palabra

κείμενο

el texto

διαβάζω

leer

κιμωλία

la tiza

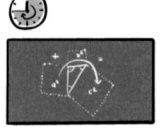

μάθημα

la lección

εγγράφομαι

el cuaderno de notas

τεστ

el examen

πιστοποιητικό

el certificado

μαθητική στολή

el uniforme

εκπαίδευση

la educación

εγκυκλοπαίδεια

la enciclopedia

πανεπιστήμιο

la universidad

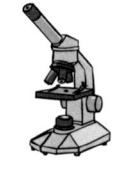

μικροσκόπιο

el microscopio

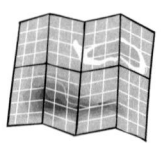

χάρτης

el mapa

καλάθι αχρήστων

la papelera

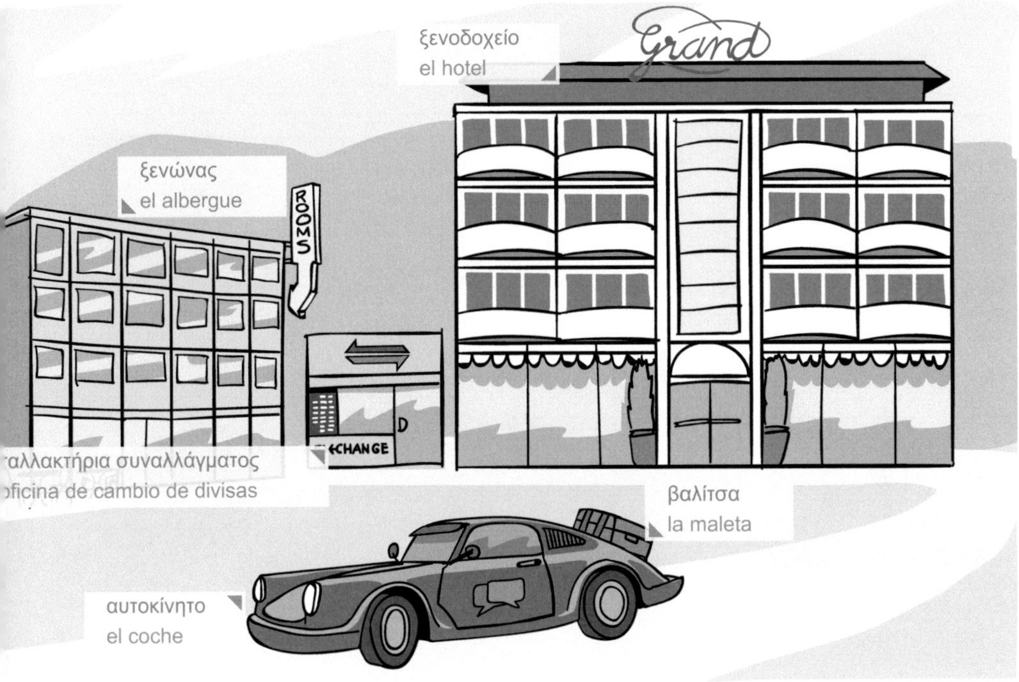

ξενοδοχείο
el hotel
Grand
ξενώνας
el albergue
ROOMS
αλλακτήρια συναλλάγματος
ficina de cambio de divisas
CHANGE
βαλίτσα
la maleta
αυτοκίνητο
el coche

γλώσσα

el idioma

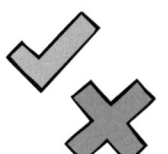

ναι / όχι

sí / no

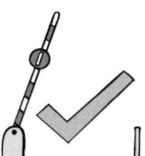

εντάξει

Vale

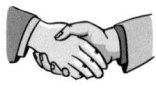

γεια σου

hola

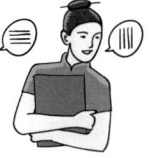

μεταφραστής

el traductor

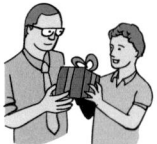

Ευχαριστώ

Gracias

πόσο κάνει ;

¿cuánto es…?

Δε καταλαβαίνω

No entiendo

πρόβλημα

el problema

Καλησπέρα!

¡Buenas tardes!

Καλημέρα!

¡Buenos días!

Καληνύχτα!

¡Buenas noches!

Αντίο

adiós

κατεύθυνση

la dirección

αποσκευές

el equipaje

τσάντα

la bolsa

σακίδιο πλάτης

la mochila

καλεσμένος

el invitado

δωμάτιο

la habitación

υπνόσακος

el saco de dormir

σκηνή

la tienda de campaña

τουριστικές πληροφορίες

la información turística

παραλία

la playa

πιστωτική κάρτα

la tarjeta de crédito

πρωινό

el desayuno

μεσημεριανό

el almuerzo

δείπνο

la cena

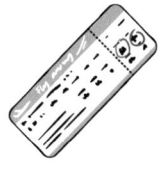

εισιτήριο

el billete

ανελκυστήρας

el ascensor

γραμματόσημο

el sello

σύνορα

la frontera

τελωνείο

la aduana

πρεσβεία

la embajada

βίζα

la visa

διαβατήριο

el pasaporte

μεταφορά
el transporte

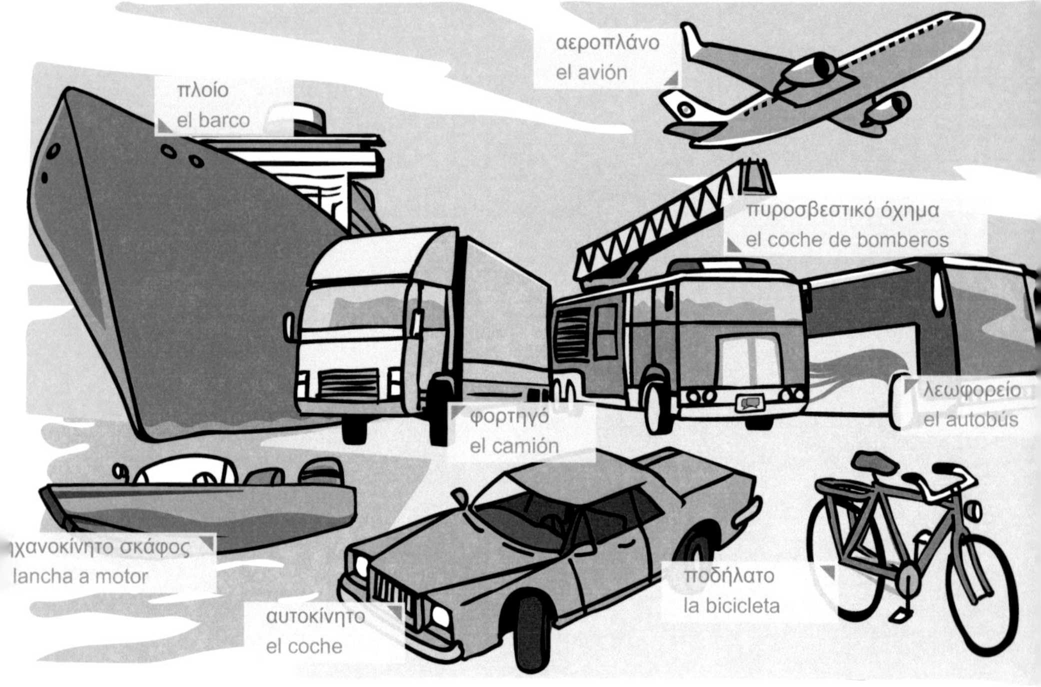

αεροπλάνο
el avión

πλοίο
el barco

πυροσβεστικό όχημα
el coche de bomberos

λεωφορείο
el autobús

φορτηγό
el camión

μηχανοκίνητο σκάφος
lancha a motor

ποδήλατο
la bicicleta

αυτοκίνητο
el coche

φεριμπότ
el transbordador

βάρκα
la barca

μοτοσικλέτα
la moto

περιπολικό
el coche de policía

αγωνιστικό αυτοκίνητο
el coche de carreras

ενοικιαζόμενο αυτοκίνητο
el coche de alquiler

διαμοιρασμός αυτοκινήτων	γερανός	απορριμματοφόρο
el préstamo de vehículos	la grúa	el camión de la basura

κινητήρας	καύσιμο	βενζινάδικο
el motor	la gasolina	la gasolinera

πινακίδα σήμανσης	κυκλοφορία	κυκλοφοριακή συμφόρηση
la señal de tráfico	el tráfico	el atasco

χώρος στάθμευσης	σιδηροδρομικός σταθμός	σιδηροδρομικές γραμμές
el aparcamiento	la estación de tren	las vías

τρένο	τραμ	βαγόνι
el tren	el tranvía	el vagón

ελικόπτερο

el helicóptero

αεροδρόμιο

el aeropuerto

πύργος

la torre

επιβάτης

el pasajero

εμπορευματοκιβώτιο

el contenedor

χαρτοκιβώτιο

la caja de cartón

καρότσι

la carretilla

καλάθι

la cesta

απογειώνομαι /
προσγειόνομαι

despegar / aterrizar

πόλη
la ciudad

χωριό

el pueblo

κέντρο της πόλης

el centro de la ciudad

σπίτι

la casa

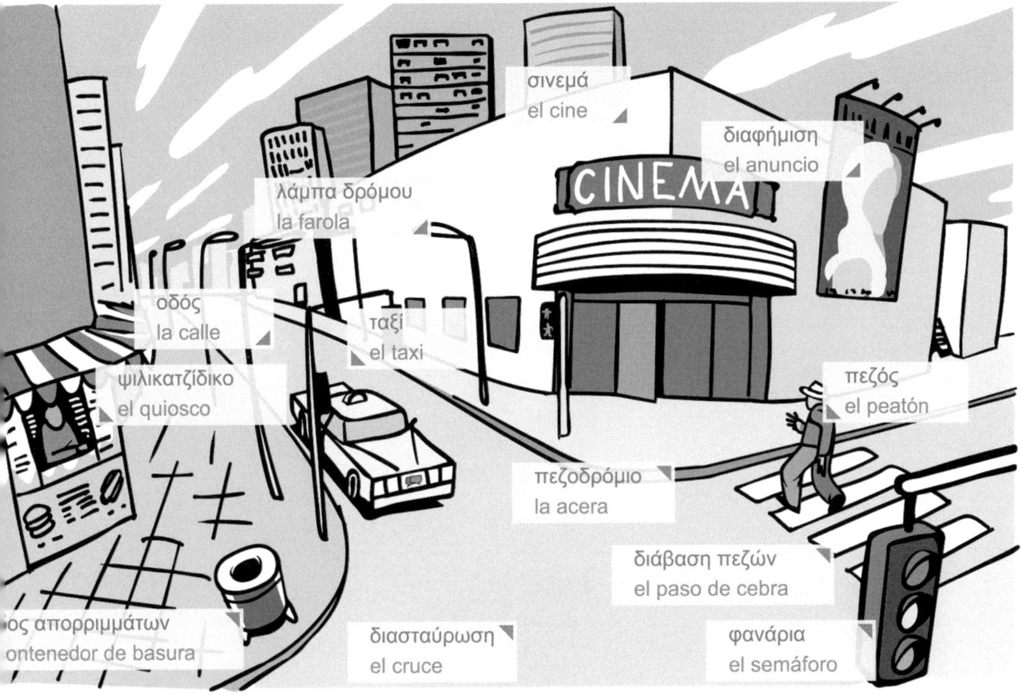

σινεμά
el cine

διαφήμιση
el anuncio

λάμπα δρόμου
la farola

CINEMA

οδός
la calle

ταξί
el taxi

ψιλικατζίδικο
el quiosco

πεζός
el peatón

πεζοδρόμιο
la acera

διάβαση πεζών
el paso de cebra

ος απορριμμάτων
ontenedor de basura

διασταύρωση
el cruce

φανάρια
el semáforo

καλύβα

la cabaña

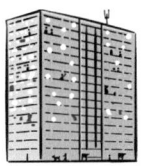

διαμέρισμα

el apartamento

σιδηροδρομικός σταθμός

la estación de tren

δημαρχείο

el ayuntamiento

μουσείο

el museo

σχολείο

la escuela

πανεπιστήμιο	τράπεζα	νοσοκομείο
la universidad	el banco	el hospital

ξενοδοχείο	φαρμακείο	γραφείο
el hotel	la farmacia	la oficina

βιβλιοπωλείο	κατάστημα	ανθοπωλείο
la librería	la tienda de campaña	la floristería

σούπερ μάρκετ	αγορά	πολυκατάστημα
el supermercado	el mercado	los grandes almacenes

ιχθυοπωλείο	εμπορικό κέντρο	λιμάνι
la pescadería	el centro comercial	el puerto

πάρκο

el parque

παγκάκι

el banco

γέφυρα

el puente

σκάλες

las escaleras

μετρό

el metro

τούνελ

el túnel

στάση λεωφορείου

la parada de autobús

μπαρ

el bar

εστιατόριο

el restaurante

γραμματοκιβώτιο

el buzón

πινακίδα δρόμου

el poste indicador

παρκόμετρο

el parquímetro

ζωολογικός κήπος

el zoo

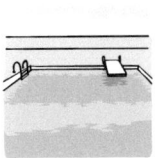

πισίνα

la piscina

τζαμί

la mezquita

αγρόκτημα

la granja

ρύπανση

la contaminación

νεκροταφείο

el cementerio

εκκλησία

la iglesia

παιδική χαρά

el patio de juego

ναός

el templo

τοπίο

el paisaje

φύλλο
la hoja

πινακίδα κατεύθυνσης
la señal

δρόμος
el camino

λιβάδι
el prado

πέτρα
la piedra

πεζοπόρος
el excursionista

δέντρο
el árbol

ποτάμι
el río

χορτάρι
la hierba

λουλούδι
la flor

κοιλάδα

el valle

λόφος

la colina

λίμνη

el lago

δάσος

el bosque

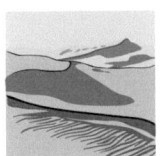

έρημος

el desierto

ηφαίστειο

el volcán

κάστρο

el castillo

ουράνιο τόξο

el arcoíris

μανιτάρι

el champiñón

φοίνικας

la palmera

κουνούπι

el mosquito

μύγα

la mosca

μυρμήγκι

la hormiga

μέλισσα

la abeja

αράχνη

la araña

σκαθάρι

el escarabajo

βάτραχος

la rana

σκίουρος

la ardilla

σκαντζόχοιρος

el erizo

λαγός

la liebre

κουκουβάγια

la lechuza

πουλί

el pájaro

κύκνος

el cisne

αγριογούρουνο

el jabalí

ελάφι

el ciervo

άλκη

el alce

φράγμα

la presa

ανεμογεννήτρια

la turbina eólica

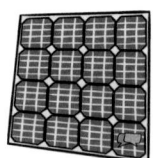

ηλιακός συλλέκτης

el panel solar

κλίμα

el clima

εστιατόριο
el restaurante

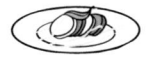

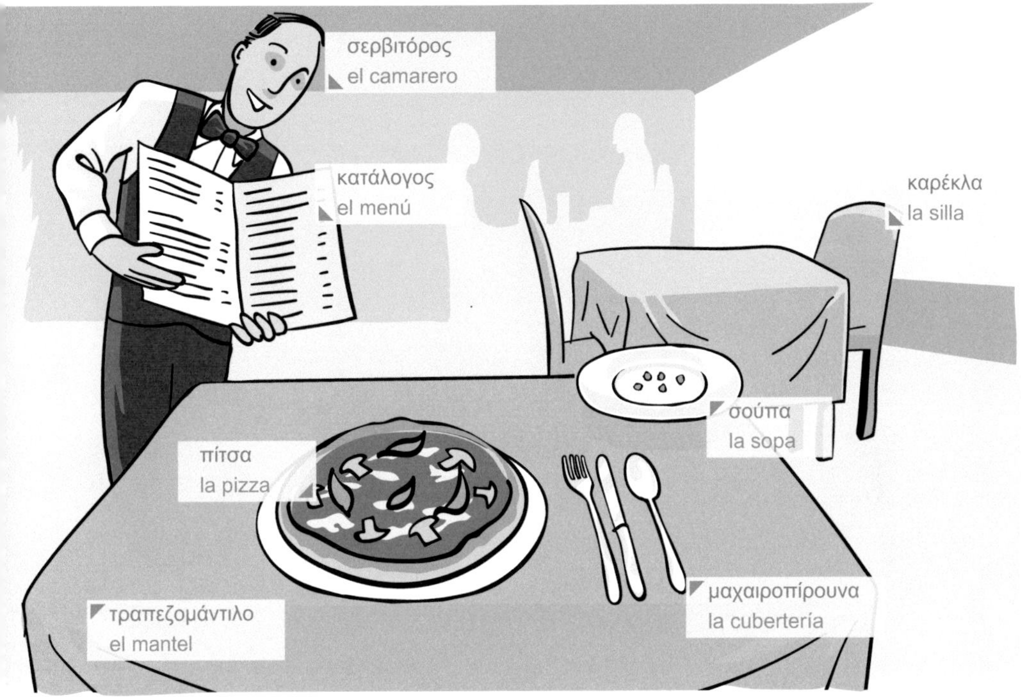
σερβιτόρος
el camarero
κατάλογος
el menú
καρέκλα
la silla
σούπα
la sopa
πίτσα
la pizza
μαχαιροπίρουνα
la cubertería
τραπεζομάντιλο
el mantel

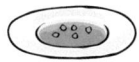

ορεκτικό

el primer plato

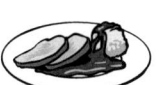

κύριο πιάτο

el plato principal

επιδόρπιο

el postre

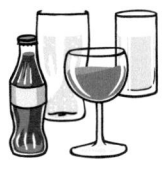

ποτά

las bebidas

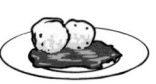

φαγητό

la comida

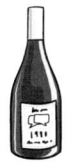

μπουκάλι

la botella

φαστ φουντ

la comida rápida

φαγητό στ' όρθιο

la comida callejera

τσαγιέρα

la tetera

δοχείο ζάχαρης

el azucarero

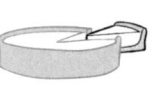

μερίδα

la porción

μηχανή εσπρέσο

la cafetera expreso

ψηλή καρέκλα

la trona

λογαριασμός

la cuenta

δίσκος

la bandeja

μαχαίρι

el cuchillo

πιρούνι

el tenedor

κουτάλι

la cuchara

κουταλάκι του τσαγιού

la cucharilla

πετσέτα φαγητού

la servilleta

ποτήρι

el vaso

πιάτο

el plato

πιάτο σούπας

el plato hondo

πιατάκι φλιτζανιού

el platillo

σάλτσα

la salsa

αλατιέρα

el salero

μύλος για πιπέρι

el molinillo de pimienta

ξύδι

el vinagre

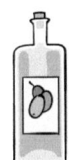

λάδι

el aceite

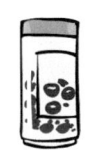

μπαχαρικά

las especias

κέτσαπ

el ketchup

μουστάρδα

la mostaza

μαγιονέζα

la mayonesa

σούπερ μάρκετ
el supermercado

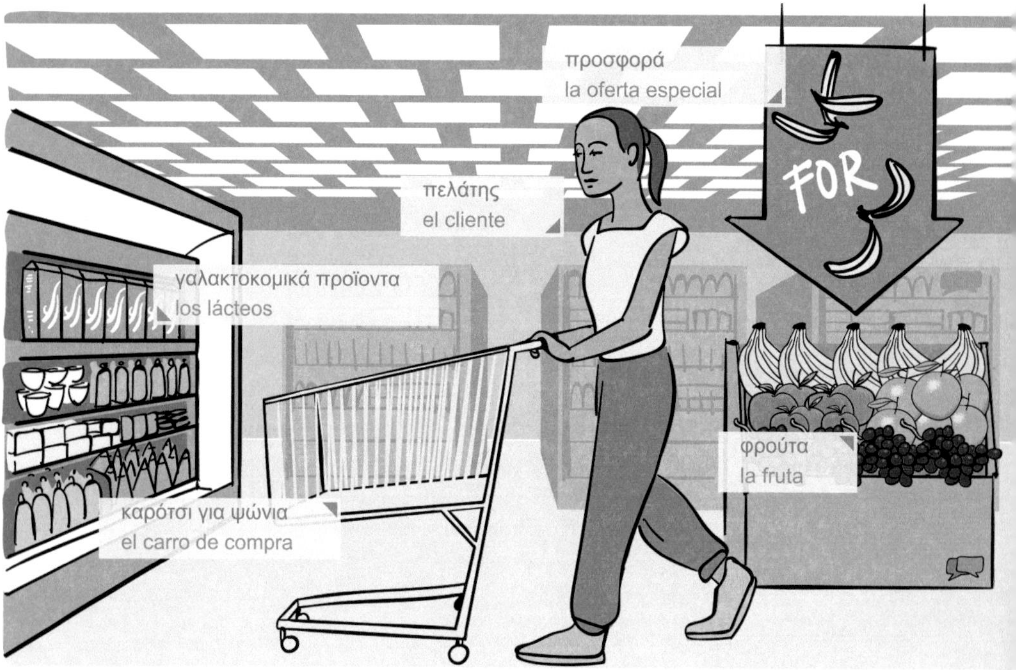

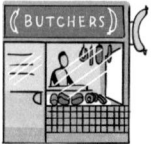

προσφορά
la oferta especial
FOR
πελάτης
el cliente
γαλακτοκομικά προϊόντα
los lácteos
φρούτα
la fruta
καρότσι για ψώνια
el carro de compra

BUTCHERS

κρεοπωλείο

la carniceria

BAKERY

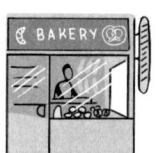

φούρνος

la panadería

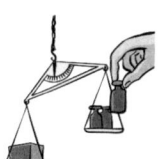

ζυγίζω

pesar

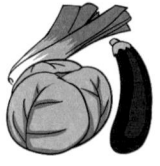

λαχανικά

las verduras

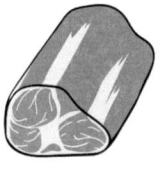

κρέας

la carne

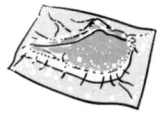

κατεψυγμένα τρόφιμα

los alimentos congelados

αλλαντικά

los fiambres

κονσερβοποιημένη τροφή

las conservas

απορρυπαντικό ρούχων

el detergente en polvo

γλυκά

los dulces

οικιακά είδη

productos de uso doméstico

καθαριστικά προϊόντα

productos de limpieza

πωλήτρια

la vendedora

ταμείο

la caja de cartón

ταμίας

el cajero

λίστα για ψώνια

la lista de la compra

ωράριο λειτουργίας

el horario de atención al público

πορτοφόλι

la cartera

πιστωτική κάρτα

la tarjeta de crédito

τσάντα

la bolsa de plástico

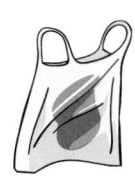

πλαστική σακούλα

la bolsa de plástico

ποτά
las bebidas

νερό

el agua

χυμός

el zumo

γάλα

la leche

κόκα κόλα

la cola

κρασί

el vino

μπίρα

la cerveza

αλκοόλ

el alcohol

κακάο

el cacao

τσάι

el té

καφές

el café

εσπρέσο

el expreso

καπουτσίνο

el capuchino

μπανάνα

el plátano

μήλο

la manzana

πορτοκάλι

la naranja

πεπόνι

el melón

λεμόνι

el limón

καρότο

la zanahoria

σκόρδο

el ajo

μπαμπού

el bambú

κρεμμύδι

la cebolla

μανιτάρι

el champiñón

ξηροί καρποί

las avellanas

νουντλς

los fideos

μακαρόνια

las espagueti

ρύζι

el arroz

σαλάτα

la ensalada

πατατάκια

las patatas fritas

τηγανητές πατάτες

las patatas fritas

πίτσα

la pizza

χάμπουργκερ

la hamburguesa

σάντουιτς

el sándwich

κοτολέτα

el filete

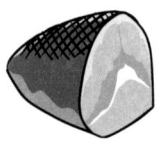

ζαμπόν

el jamón

σαλάμι

le salami

λουκάνικο

la salchicha

κοτόπουλο

el pollo

ψητό

el asado

ψάρι

el pescado

χυλός βρώμης

los copos de avena

μούσλι

el muesli

κορν φλέικς

los copos de maíz

αλεύρι

la harina

κρουασάν

el cruasán

ψωμάκι

el panecillo

ψωμί

el pan

τοστ

la tostada

μπισκότα

las galletas

βούτυρο

la mantequilla

τυρόπηγμα

la cuajada

κέικ

el pastel

αυγό

el huevo

τηγανητό αυγό

el huevo frito

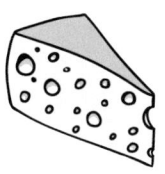

τυρί

el queso

παγωτό

el helado

ζάχαρη

el azúcar

μέλι

la miel

μαρμελάδα

la mermelada

άλλειμμα σοκολάτας

la crema de turrón

κάρυ

el curry

αγρόκτημα
la granja

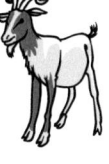

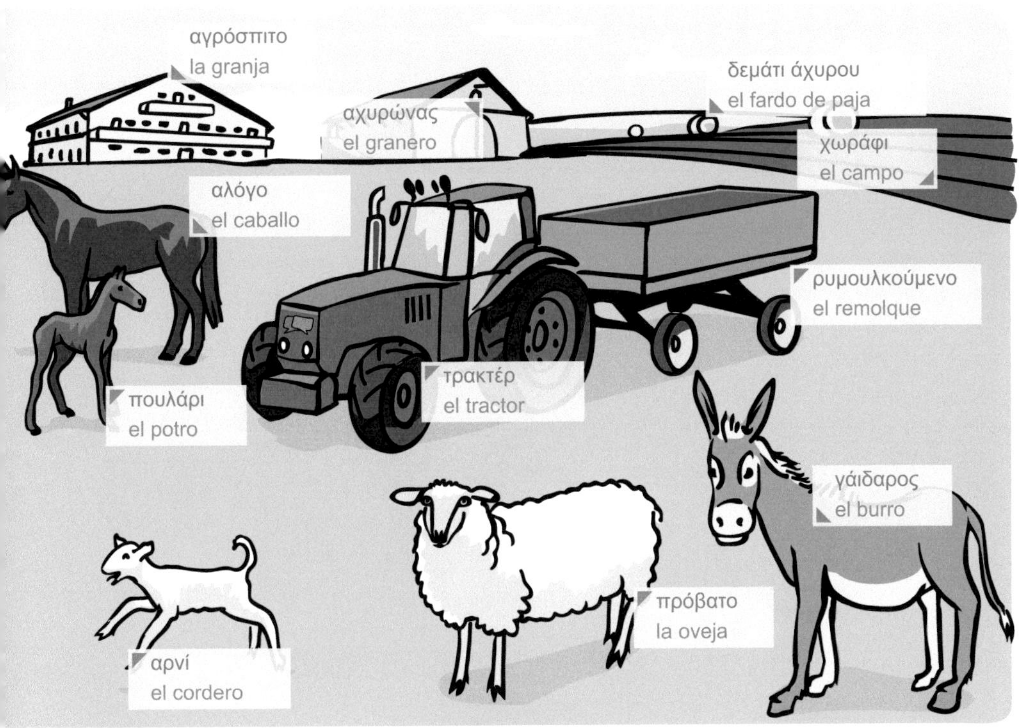
αγρόσπιτο
la granja
αχυρώνας
el granero
δεμάτι άχυρου
el fardo de paja
χωράφι
el campo
αλόγο
el caballo
ρυμουλκούμενο
el remolque
πουλάρι
el potro
τρακτέρ
el tractor
γάιδαρος
el burro
πρόβατο
la oveja
αρνί
el cordero

κατσίκα

la cabra

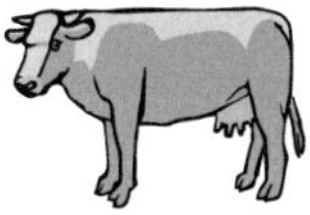

αγελάδα

la vaca

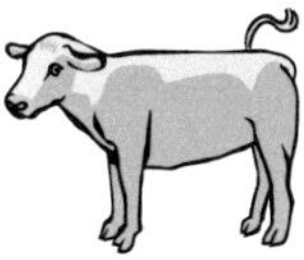

μοσχαράκι

el ternero

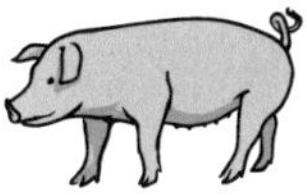

γουρούνι

el cerdo

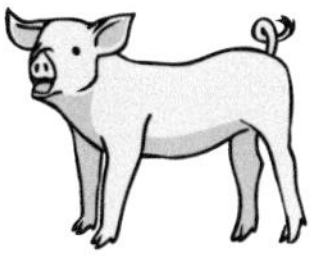

γουρουνάκι

el cerdito

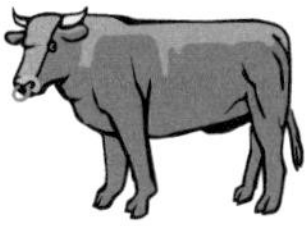

ταύρος

el toro

χήνα

el ganso

πάπια

el pato

κοτοπουλάκι

el pollo

κότα

la gallina

κόκορας

el gallo

αρουραίος

la rata

γάτα

el gato

ποντίκι

el ratón

βόδι

el buey

σκύλος

el perro

σπιτάκι σκύλου

la perrera

λάστιχο κήπου

la manguera

ποτιστήρι

la regadera

θεριστήρι

la guadaña

αλέτρι

el arado

δρεπάνι

la hoz

τσάπα

la azada

δίκρανο

la horca

τσεκούρι

el hacha

χειράμαξα

la carretilla

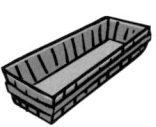

ταΐστρα

el abrevadero

δοχείο γάλακτος

la lechera

σάκος

el saco

φράχτης

la valla

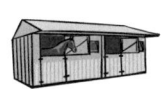

στάβλος

el establo

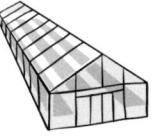

θερμοκήπιο

el invernadero

έδαφος

el suelo

σπόρος

la semilla

λίπασμα

el fertilizador

θεριζοαλωνιστική μηχανή

la cosechadora

θερίζω

cosechar

συγκομιδή

la cosecha

γιαμς

el ñame

σιτάρι

el trigo

σόγια

el soja

πατάτα

la patata

καλαμπόκι

el maíz

κράμβη

la semilla de colza

οπωροφόρο δέντρο

el árbol frutal

μανιόκα

la mandioca

δημητριακά

las cereales

αγρόκτημα - la granja

σπίτι
la casa

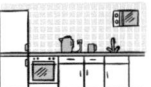

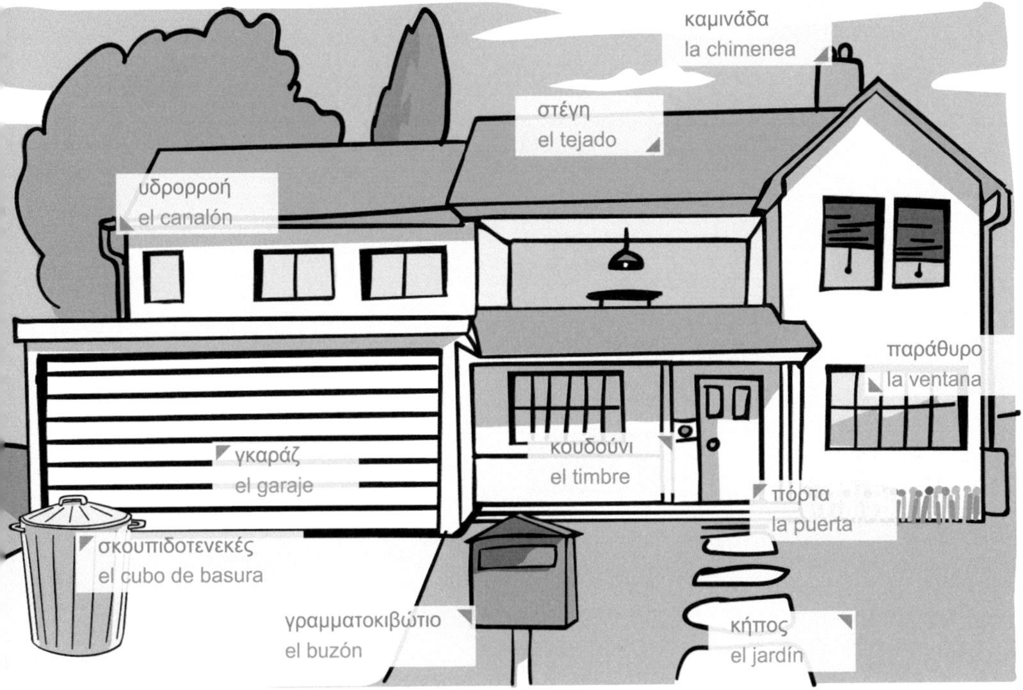
καμινάδα
la chimenea
στέγη
el tejado
υδρορροή
el canalón
παράθυρο
la ventana
γκαράζ
el garaje
κουδούνι
el timbre
πόρτα
la puerta
σκουπιδοτενεκές
el cubo de basura
γραμματοκιβώτιο
el buzón
κήπος
el jardín

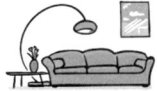

σαλόνι

la sala

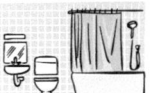

μπάνιο

el cuarto de baño

κουζίνα

la cocina

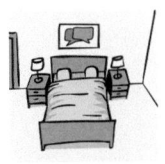

υπνοδωμάτιο

el dormitorio

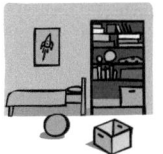

παιδικό δωμάτιο

la habitación de los niños

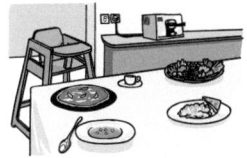

τραπεζαρία

el comedor

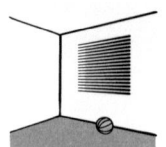

πάτωμα

el suelo

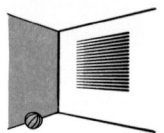

τοίχος

la pared

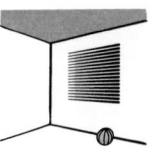

οροφή

el techo

κελάρι

el sótano

σάουνα

la sauna

μπαλκόνι

el balcón

βεράντα

la terraza

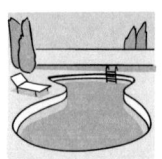

πισίνα

la piscina

μηχανή του γκαζόν

el cortacésped

σεντόνι

la sábana

κάλυμμα κρεβατιού

la colcha

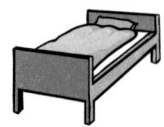

κρεβάτι

la cama

σκούπα

la escoba

κουβάς

el balde

διακόπτης

el interruptor

σαλόνι
la sala

ταπετσαρία
el papel pintado
φωτογραφία
la imagen
λάμπα
la lámpara
ράφι
el estante
ντουλάπι
el armario
τηλεόραση
la televisión
τζάκι
la chimenea
λουλούδι
la flor
μαξιλάρι
el cojín
καναπές
el sofá
βάζο
el jarrón
τηλεκοντρόλ
el mando a distancia

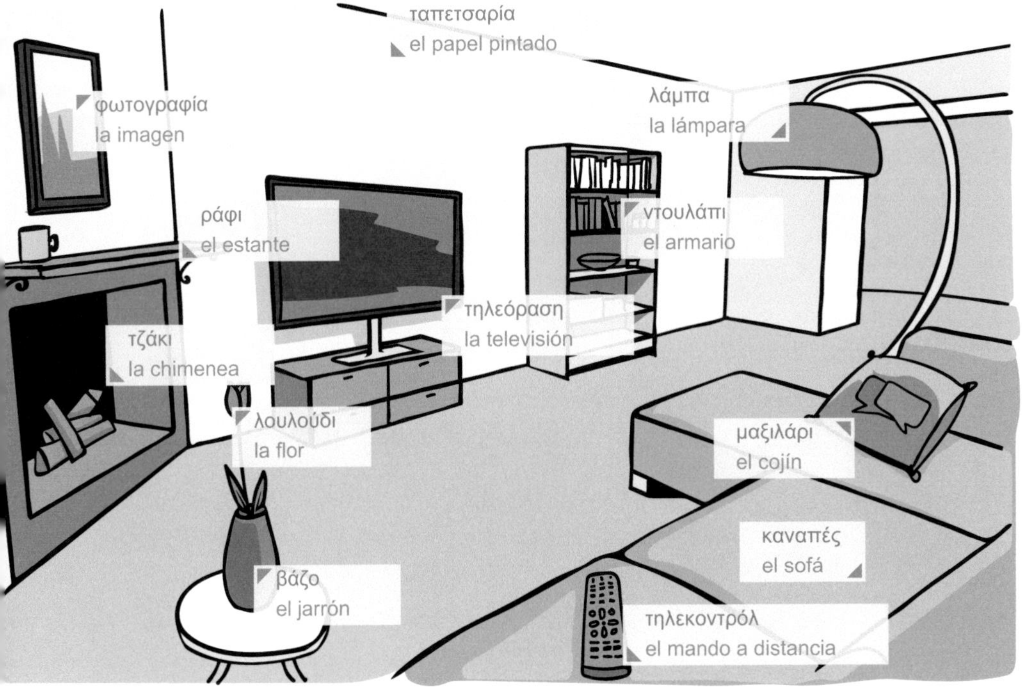

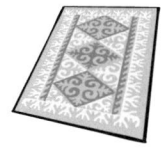

χαλί

la alfombra

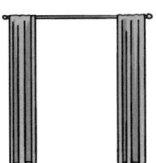

κουρτίνα

la cortina

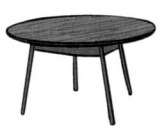

τραπέζι

la mesa

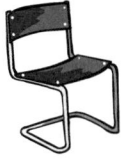

καρέκλα

la silla

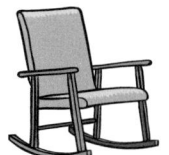

κουνιστή πολυθρόνα

el mecedora

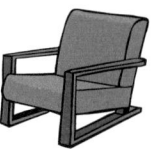

πολυθρόνα

la butaca

βιβλίο

el libro

κουβέρτα

la manta

διακόσμηση

la decoración

καυσόξυλα

la leña

ταινία

la película

στερεοφωνικό σύστημα

el equipo de música

κλειδί

la llave

εφημερίδα

el periódico

πίνακας ζωγραφικής

la pintura

αφίσα

el póster

ραδιόφωνο

la radio

σημειωματάριο

el cuaderno

ηλεκτρική σκούπα

la aspiradora

κάκτος

el cactus

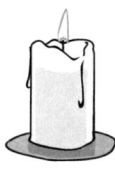

κερί

la vela

κουζίνα
la cocina

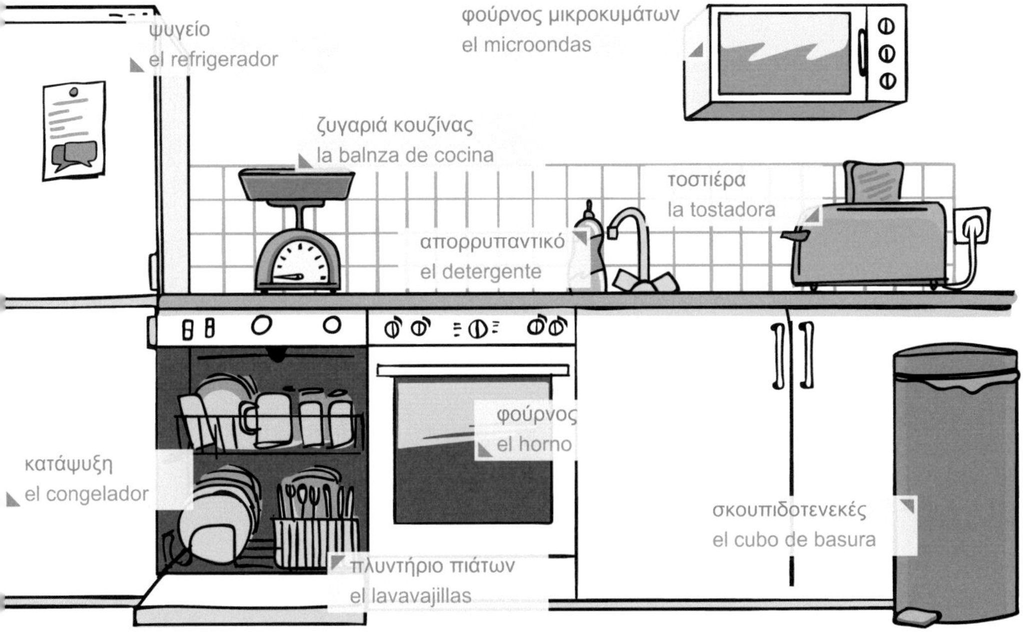

ψυγείο
el refrigerador
φούρνος μικροκυμάτων
el microondas
ζυγαριά κουζίνας
la balnza de cocina
τοστιέρα
la tostadora
απορρυπαντικό
el detergente
φούρνος
el horno
κατάψυξη
el congelador
σκουπιδοτενεκές
el cubo de basura
πλυντήριο πιάτων
el lavavajillas

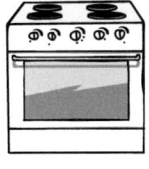

κουζίνα

la olla a presión

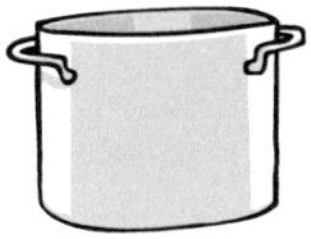

κατσαρόλα

la olla

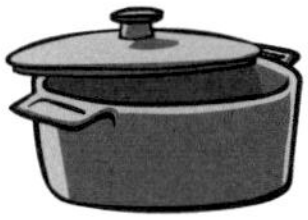

μαντεμένια κατσαρόλα

la olla de hierro fundido

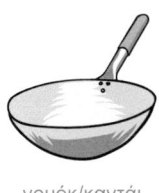

γουόκ/καντάι

el wok

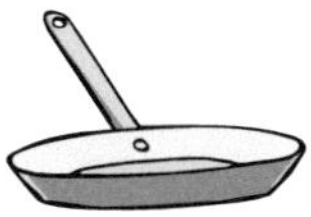

τηγάνι

la cazuela

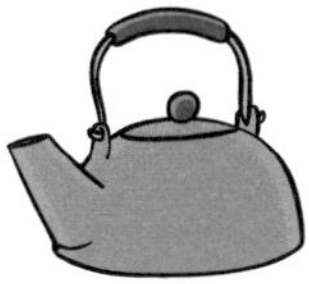

βραστήρας

el hervidor

ατμομάγειρας

la vaporera

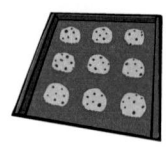

ταψί

la chapa de horno

πιατικά

la vajilla

κούπα

la taza

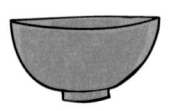

μπολ

el tazón

ξυλάκια

los palillos

κουτάλα

el cucharón

σπάτουλα

la espumadera

ανακατεύω

el batidor

σουρωτήρι

el colador

σουρωτηράκι

el cedazo

τρίφτης

el rallador

γουδί

el mortero

ψησταριά

la barbacoa

ανοιχτή φωτιά

la hoguera

σανίδα κοπής

la tabla de picar

πλάστης

el rodillo

ανοιχτήρι φελλών

el sacacorchos

κονσέρβα

la lata

ανοιχτήρι κονσέρβας

el abrelatas

γάντι φούρνου

el agarrador

νεροχύτης

el lavabo

βούρτσα

el cepillo

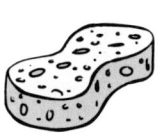

σφουγγάρι

la esponja

μπλέντερ

la batidora

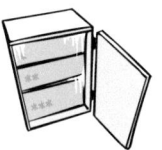

καταψύκτης

el congelador

μπιμπερό

el biberón

βρύση

el grifo

μπάνιο
el cuarto de baño

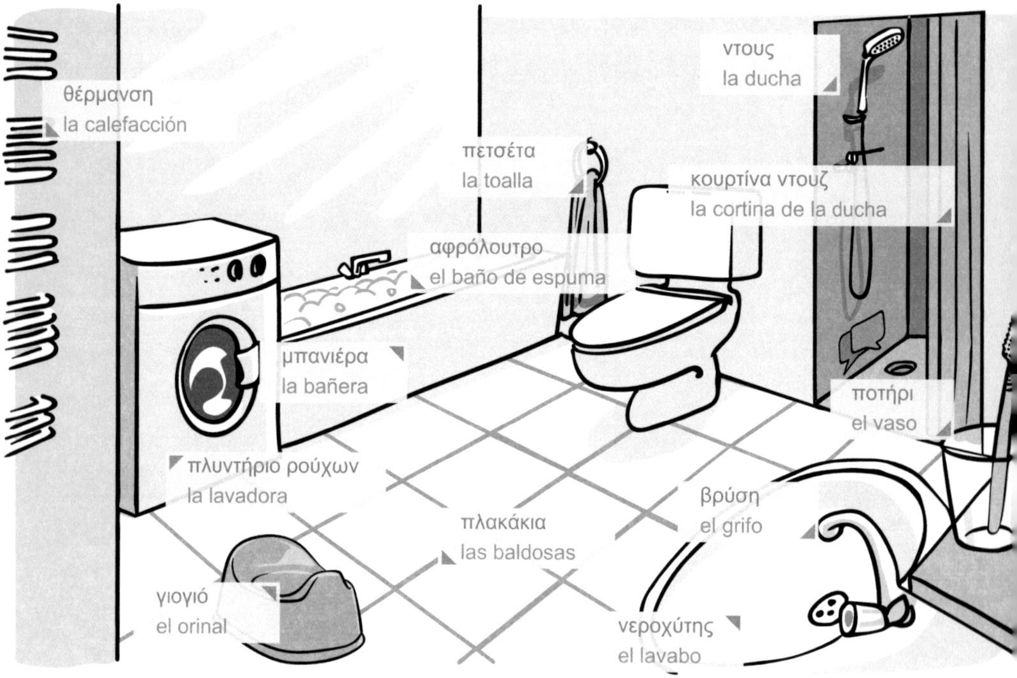

θέρμανση
la calefacción

ντους
la ducha

πετσέτα
la toalla

κουρτίνα ντουζ
la cortina de la ducha

αφρόλουτρο
el baño de espuma

μπανιέρα
la bañera

ποτήρι
el vaso

πλυντήριο ρούχων
la lavadora

πλακάκια
las baldosas

βρύση
el grifo

γιογιό
el orinal

νεροχύτης
el lavabo

τουαλέτα
el inodoro

τούρκικη τουαλέτα
el inodoro rústico

μπιντές
el bidé

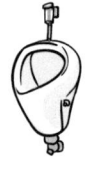

ουρητήριο
el urinario

χαρτί υγείας
el papel higiénico

πιγκάλ
la escobilla del váter

οδοντόβουρτσα

el cepillo de dientes

οδοντόκρεμα

la pasta de dientes

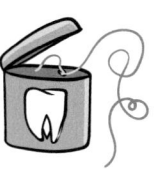

οδοντικό νήμα

el hilo dental

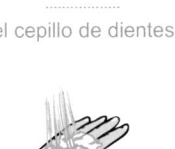

πλένω

lavar

τηλέφωνο ντους

la ducha de mano

ντουσιέρα

la ducha íntima

λεκάνη

la pila

βούρτσα πλάτης

el cepillo de espalda

σαπούνι

el jabón

αφρόλουτρο

el gel de ducha

σαμπουάν

el champú

φανέλα

la toallita

σιφόνι

el desagüe

κρέμα

la crema

αποσμητικό

el desodorante

καθρέφτης

el espejo

καθρέφτης χειρός

el espejo de tocador

ξυραφάκι

la maquinilla de afeitar

αφρός ξυρίσματος

la espuma de afeitar

αφτερσέιβ

la loción postafeitado

χτένα

el peine

βούρτσα

el cepillo

σεσουάρ

el secador

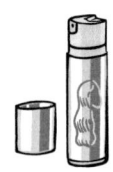

λακ

la laca

μακιγιάζ

el maquillaje

κραγιόν

el pintalabios

βερνίκι νυχιών

el pintauñas

βαμβάκι

el algodón

ψαλίδι νυχιών

el cortauñas

άρωμα

el perfume

νεσεσέρ

el estuche de viaje

σκαμπό

la banqueta

ζυγαριά

la balanza

μπουρνούζι

el albornoz

ελαστικά γάντια

los guantes de goma

ταμπόν

el tampón

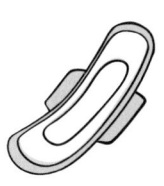

πετσέτα υγιεινής

la compresa

χημική τουαλέτα

el inodoro químico

παιδικό δωμάτιο
la habitación de los niños

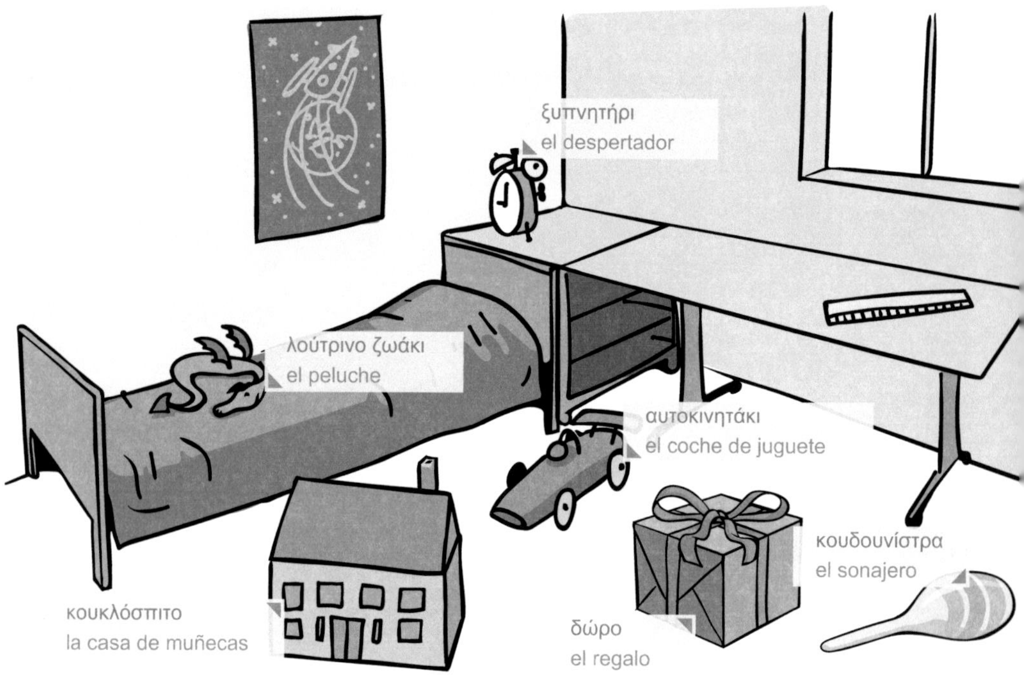

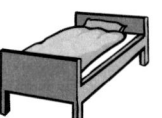

ξυπνητήρι
el despertador
λούτρινο ζωάκι
el peluche
αυτοκινητάκι
el coche de juguete
κουδουνίστρα
el sonajero
κουκλόσπιτο
la casa de muñecas
δώρο
el regalo

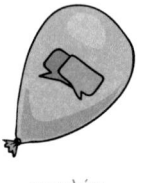

μπαλόνι

el globo

κρεβάτι

la cama

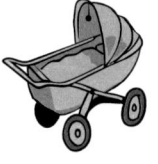

καροτσάκι

el coche de niño

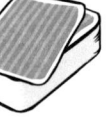

τράπουλα

los naipes

παζλ

el puzle

SUPER
MEGA

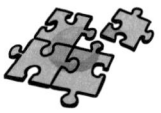

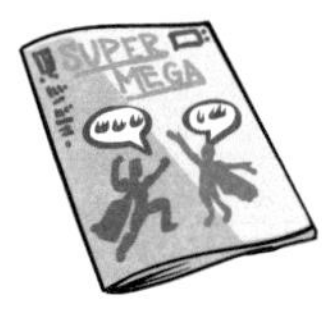

κόμικς

el tebeo

τουβλάκια lego

las piezas de lego

τουβλάκια κατασκευών

los bloques de juguete

φιγούρα δράσης

la figura de acción

βρεφικό φορμάκι

el bodi (de bebé)

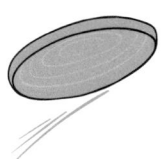

φρίσμπι

el frisbee

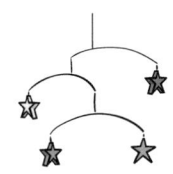

μόμπιλο

el colgador móvil para bebés

επιτραπέζιο παιχνίδι

el juego de mesa

ζάρια

los dados

σετ τρενάκι

el circuito de tren eléctrico

πιπίλα

el maniquí

πάρτι

la fiesta

εικονογραφημένο βιβλίο

el álbum de fotos

μπάλα

la pelota

κούκλα

la muñeca

παίζω

jugar

σκάμμα με άμμο

el cajón de arena

κούνια

el columpio

παιχνίδια

los juguetes

κονσόλα βιντεοπαιχνιδιών

la videoconsola

τρίκυκλο

el triciclo

αρκουδάκι

el oso de peluche

ντουλάπα

la guardarropa

ρούχα
la ropa

κάλτσες

los calcetines

καλτσοδέτες

las medias

καλσόν

los leotardos

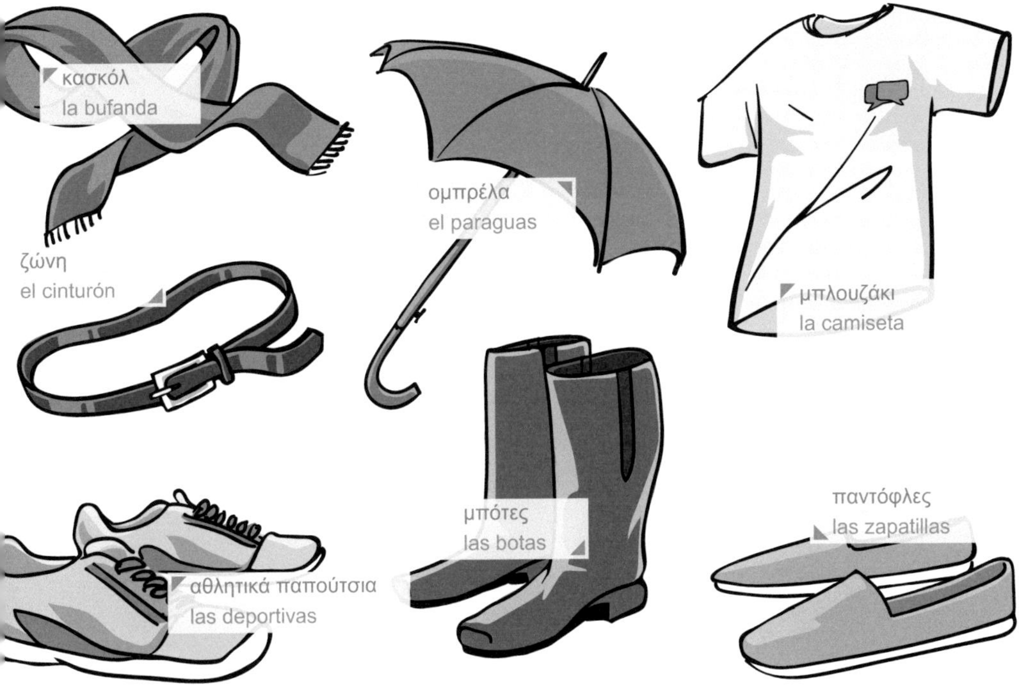

κασκόλ
la bufanda

ομπρέλα
el paraguas

ζώνη
el cinturón

μπλουζάκι
la camiseta

μπότες
las botas

παντόφλες
las zapatillas

αθλητικά παπούτσια
las deportivas

σανδάλια
las sandalias

παπούτσια
los zapatos

γαλότσες
las botas de goma

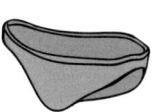

εσώρουχο
el slip

σουτιέν
el sostén

φανέλα
el chaleco

σώμα

el bodi

παντελόνι

los pantalones cortos

τζιν παντελόνι

los vaqueros

φούστα

la falda

μπλούζα

la blusa

πουκάμισο

la camisa

πουλόβερ

el jersey

πουλόβερ

el suéter

σακάκι

el blazer

μπουφάν

la chaqueta

παλτό

el abrigo

αδιάβροχο πανωφόρι

la gabardina

κοστούμι

el traje

φόρεμα

el vestido

νυφικό

el vestido de novia

κοστούμι

el traje

νυχτικό

el camisón

πιτζάμες

el pijama

σάρι

el sati

μαντήλι

el bandana

τουρμπάνι

el turbante

μπούρκα

la burka

καφτάνι

el caftán

μουσουλμανικό ένδυμα

la abaya

ολόσωμο μαγιό

el traje de baño

ανδρικό μαγιό

el bañador

σορτς

los pantalones cortos

αθλητική φόρμα

el chándal

ποδιά

el delantal

γάντια

los guantes

κουμπί

el botón

γυαλιά

las gafas

βραχιόλι

el brazalete

περιδέραιο

el collar

δαχτυλίδι

el anillo

σκουλαρίκι

el pendiente

καπέλο

la gorra

κρεμάστρα

la percha

καπέλο

el sombrero

γραβάτα

la corbata

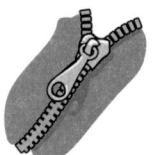

φερμουάρ

la cremallera

κράνος

el casco

τιράντες

los tirantes

μαθητική στολή

el uniforme

στολή

el uniforme

σαλιάρα

el babero

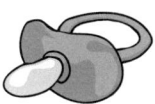

πιπίλα

el maniquí

πάνα

el pañal

γραφείο
la oficina

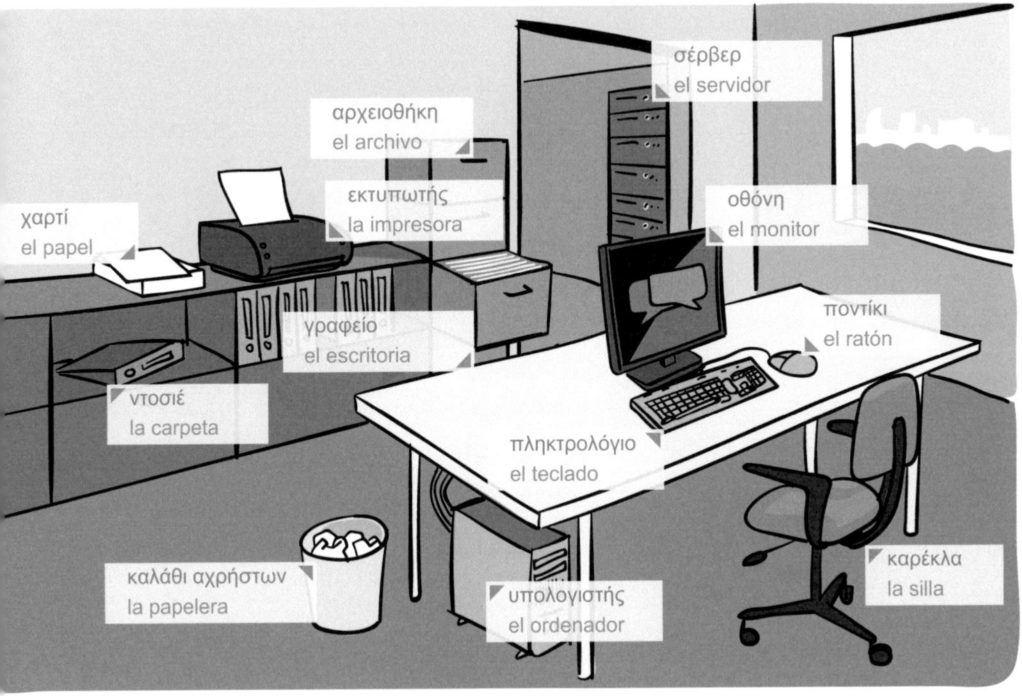

κούπα του καφέ

la taza de café

κομπιουτεράκι

la calculadora

ίντερνετ

el internet

λάπτοπ

el portátil

γράμμα

la carta

μήνυμα

el mensaje

κινητό

el móvil

δίκτυο

la red

φωτοτυπικό μηχάνημα

la fotocopiadora

λογισμικό

el software

τηλέφωνο

el teléfono

πρίζα

la toma de corriente

συσκευή φαξ

el fax

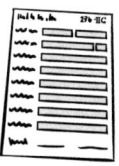

έντυπο

el formulario

έγγραφο

el documento

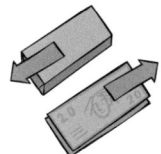

αγοράζω

comprar

πληρώνω

pagar

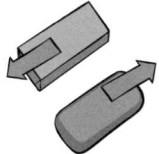

συναλλάσσομαι

comerciar

χρήματα

el dinero

δολάριο

el dólar

ευρώ

el euro

γιεν

el yen

ρούβλι

el rublo

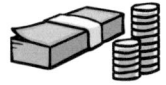

ελβετικό φράγκο

el franco suizo

ρενμίνμπι γιουάν

el renminbi yuan

ρουπία

la rupia

ΑΤΜ (αυτόματη ταμειακή μηχανή)

el cajero automático

ανταλλακτήρια συναλλάγματος

la oficina de cambio de divisas

χρυσός

el oro

ασήμι

la plata

πετρέλαιο

el petróleo

ενέργεια

la energía

τιμή

el precio

συμβόλαιο

el contrato

φόρος

el impuesto

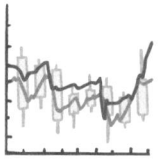

μετοχή

la acción

δουλεύω

trabajar

υπάλληλος

el empleador

εργοδότης

el empleador

εργοστάσιο

la fábrica

κατάστημα

la tienda de campaña

επαγγέλματα
los oficios

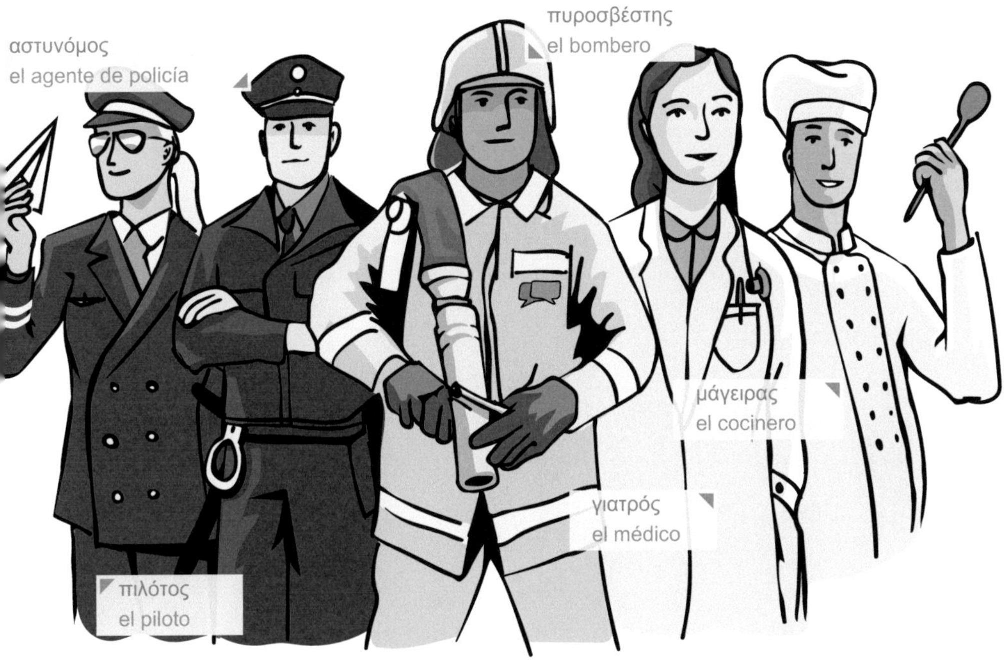

αστυνόμος
el agente de policía
πυροσβέστης
el bombero
μάγειρας
el cocinero
γιατρός
el médico
πιλότος
el piloto

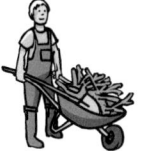

κηπουρός

el jardinero

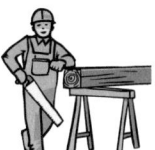

ξυλουργός

el carpintero

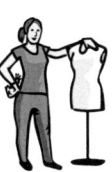

μοδίστρα

la costurera

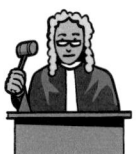

δικαστής

el juez

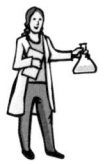

χημικός

el farmacéutico

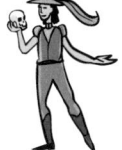

ηθοποιός

el actor

οδηγός λεωφορείου

el conductor de autobús

ταξιτζής

el taxista

ψαράς

el pescador

καθαρίστρια

la señora de la limpieza

τεχνίτης στεγών

el techador

σερβιτόρος

el camarero

κυνηγός

el cazador

ζωγράφος

el pintor

αρτοποιός

el panadero

ηλεκτρολόγος

el electricista

οικοδόμος

el obrero

μηχανολόγος

el ingeniero

κρεοπώλης

el carnicero

υδραυλικός

el fontanero

ταχυδρόμος

el cartero

στρατιώτης

el soldado

αρχιτέκτονας

el arquitecto

ταμίας

el cajero

ανθοπώλης

el florista

κομμωτής

el peluquero

ελεγκτής εισιτηρίων

el revisor

μηχανικός

el mecánico

καπετάνιος

el capitán

οδοντίατρος

el dentista

επιστήμονας

el científico

ραβίνος

el rabino

ιμάμης

el imán

μοναχός

el monje

ιερέας

el sacerdote

εργαλεία
las herramientas

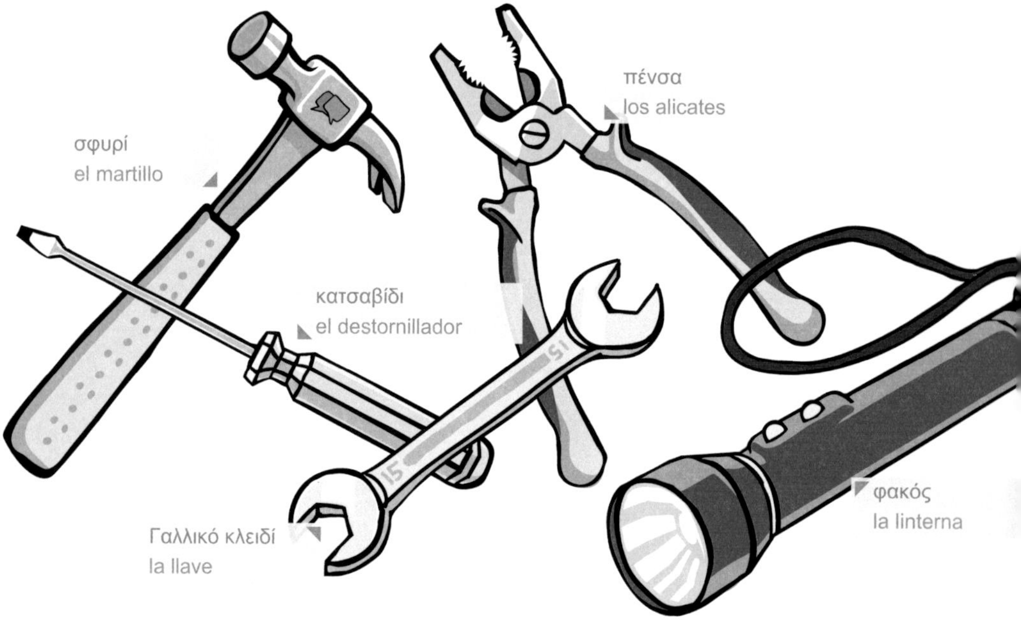

σφυρί
el martillo

πένσα
los alicates

κατσαβίδι
el destornillador

Γαλλικό κλειδί
la llave

φακός
la linterna

εκσκαφέας

la excavadora

εργαλειοθήκη

la caja de herramientas

σκάλα

la escalera de mano

πριόνι

la sierra

καρφιά

los clavos

τρυπάνι

el taladro

56   εργαλεία - las herramientas

επισκευάζω

reparar

φτυάρι

la pala

Να πάρει!

¡Maldita sea!

φαράσι

el recogedor

δοχείο χρωμάτων

el bote de pintura

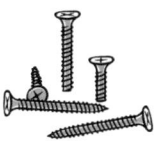

βίδες

los tornillos

μουσικά όργανα

los instrumentos musicales

μεγάφωνο
el altavoz

ντραμς
la batería

κιθάρα
la guitarra

κοντραμπάσο
el contrabajo

τρομπέτα
la trompeta

πιάνο	βιολί	μπάσο
el piano	el violín	bajo

τύμπανα	τύμπανο	πλήκτρα
los timbales	el tambor	el teclado

σαξόφωνο	φλάουτο	μικρόφωνο
el saxofón	la flauta	el micrófono

ζωολογικός κήπος
el zoo

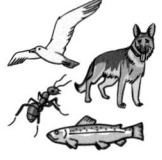

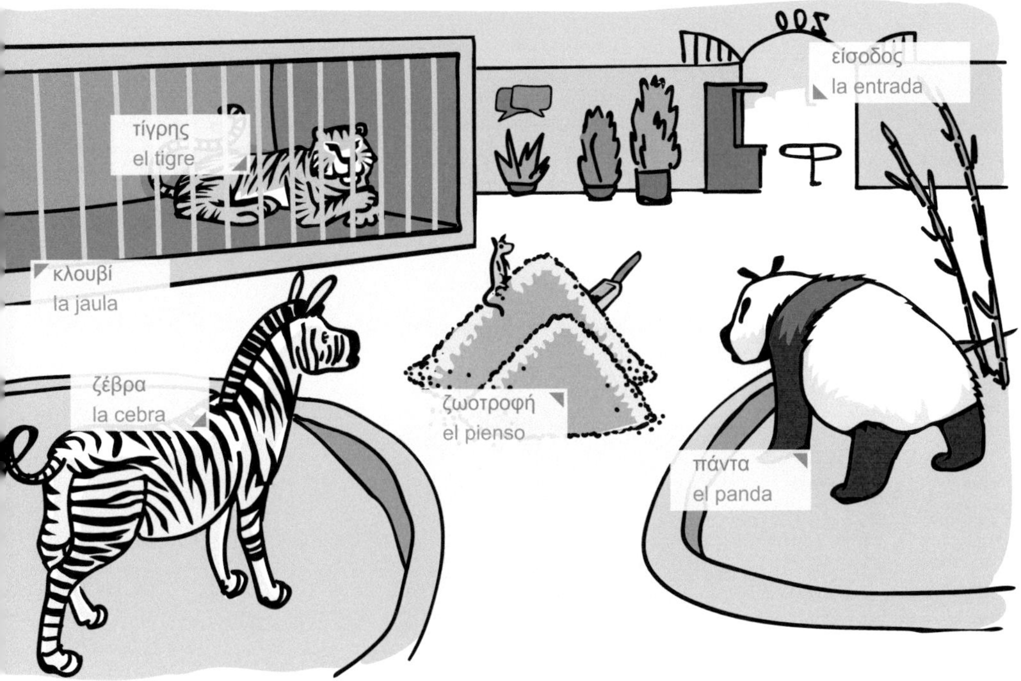

είσοδος
la entrada
τίγρης
el tigre
κλουβί
la jaula
ζέβρα
la cebra
ζωοτροφή
el pienso
πάντα
el panda

ζώα

los animales

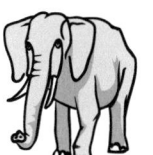

ελέφαντας

el elefante

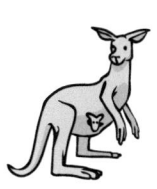

καγκουρό

el canguro

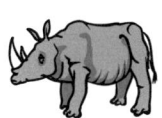

ρινόκερος

el rinoceronte

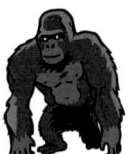

γορίλας

el gorila

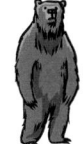

αρκούδα

el oso

καμήλα

el camello

στρουθοκάμηλος

el avestruz

λιοντάρι

el león

πίθηκος

el mono

φλαμίνγκο

el flamingo

παπαγάλος

el loro

πολική αρκούδα

el oso polar

πιγκουίνος

el pingüino

καρχαρίας

el tiburón

παγώνι

el pavo real

φίδι

la serpiente

κροκόδειλος

el cocodrilo

φύλακας ζωολογικού κήπου

el guardián de zoológico

φώκια

la foca

τζάγκουαρ

el jaguar

πόνυ

el poni

λεοπάρδαλη

el leopardo

ιπποπόταμος

el hipopótamo

καμηλοπάρδαλη

la jirafa

αετός

el águila

αγριογούρουνο

el jabalí

ψάρι

el pescado

χελώνα

la tortuga

θαλάσσιος ίππος

la morsa

αλεπού

el zorro

γαζέλα

la gacela

αθλήματα
los deportes

Αμερικάνικο ποδόσφαιρο
el fútbol americano

ποδηλασία
el ciclismo

αντισφαίριση
el tenis

μπάσκετ
el baloncesto

κολύμβηση
la natación

πυγχαμία
el boxeo

χόκεϋ επί πάγου
el hockey sobre hielo

ποδόσφαιρο
el fútbol

μπάντμιντον
el bádminton

στίβος
el atletismo

χάντμπολ
el balonmano

σκι
el esquí

πόλο
el polo

δραστηριότητες
las actividades

γελάω
reír
πηδάω
saltar
αγκαλιάζω
abrazar
περπατάω
caminar
τραγουδάω
cantar
ονειρεύομαι
soñar
προσεύχομαι
rezar
φιλάω
besar

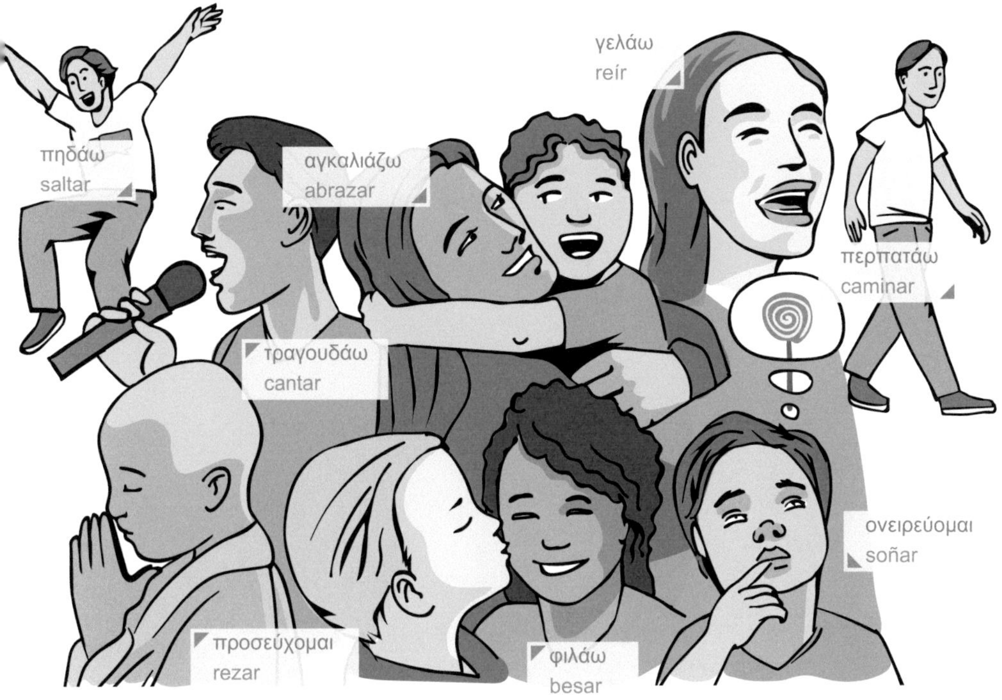

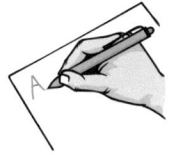

γράφω

escribir

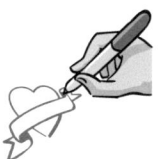

σχεδιάζω

dibujar

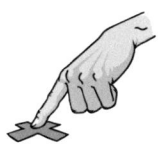

δείχνω

mostrar

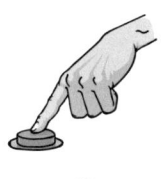

πιέζω

empujar

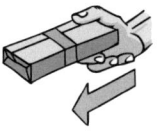

δίνω

dar

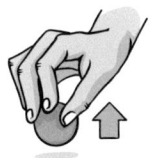

παίρνω

tomar

έχω	κάνω	είμαι
tener	hacer	ser

στέκομαι	τρέχω	τραβάω
estar de pie	correr	tirar

ρίχνω	πέφτω	ξαπλώνω
tirar	caer	yacer

περιμένω	κουβαλώ	κάθομαι
esperar	llevar	estar sentado

φοράω	κοιμάμαι	ξυπνάω
vestirse	dormir	despertar

κοιτάω

mirar

κλαίω

llorar

χαϊδεύω

acariciar

χτενίζω

peinar

μιλάω

hablar

καταλαβαίνω

entender

ρωτάω

preguntar

ακούω

escuchar

πίνω

beber

τρώω

comer

συγυρίζω

ordenar

αγαπάω

amar

μαγειρεύω

cocinar

οδηγώ

conducir

πετάω

volar

κάνω ιστιοπλοΐα

navegar

υπολογίζω

calcular

διαβάζω

leer

μαθαίνω

aprender

δουλεύω

trabajar

παντρεύομαι

casarse

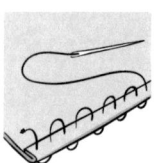

ράβω

coser

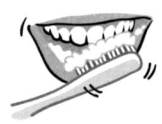

βουρτσίζω τα δόντια

cepillarse los dientes

σκοτώνω

matar

καπνίζω

fumar

στέλνω

enviar

οικογένεια
la familia

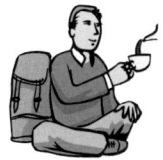

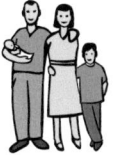

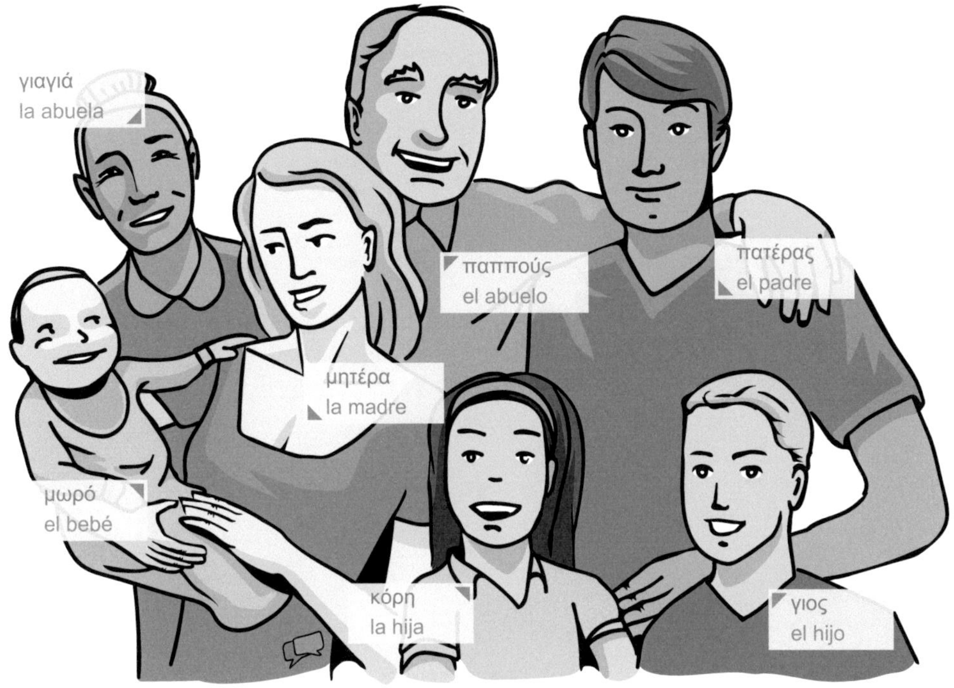
γιαγιά
la abuela
παππούς
el abuelo
πατέρας
el padre
μητέρα
la madre
μωρό
el bebé
κόρη
la hija
γιος
el hijo

καλεσμένος

el invitado

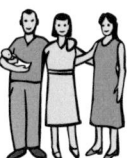

θεία

la tía

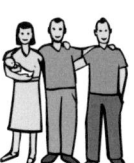

θείος

el tío

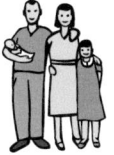

αδελφός

el hermano

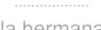

αδελφή

la hermana

σώμα

el cuerpo

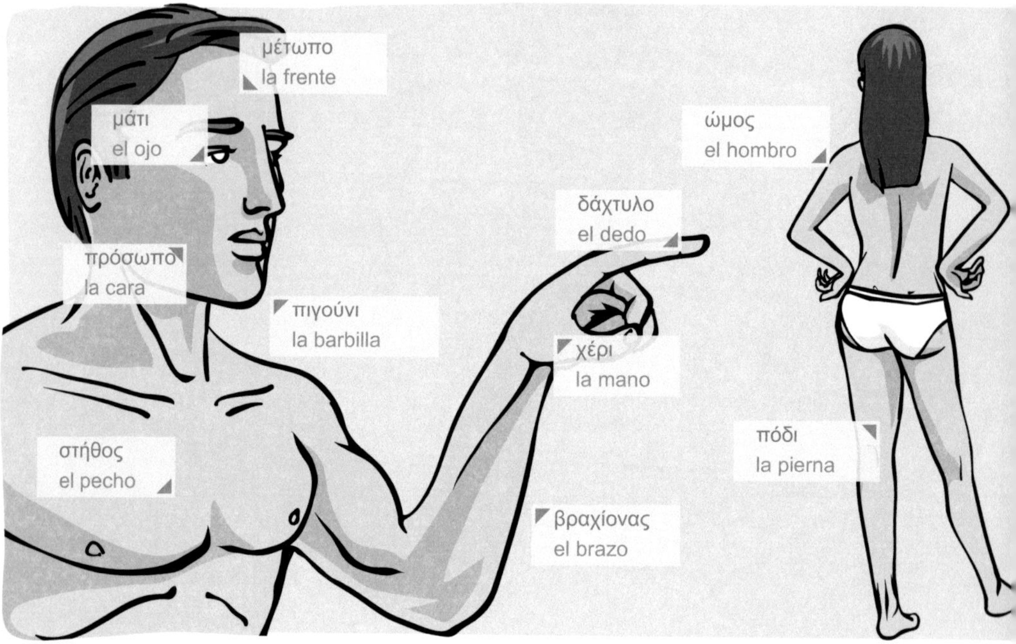

μέτωπο
la frente

μάτι
el ojo

ώμος
el hombro

δάχτυλο
el dedo

πρόσωπο
la cara

πιγούνι
la barbilla

χέρι
la mano

στήθος
el pecho

πόδι
la pierna

βραχίονας
el brazo

μωρό

el bebé

άνδρας

el hombre

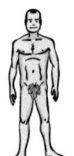

γυναίκα

la mujer

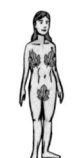

κορίτσι

la chica

αγόρι

el chico

κεφάλι

la cabeza

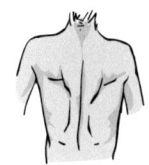

πλάτη

la espalda

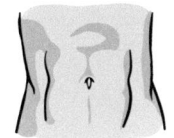

κοιλιά

el vientre

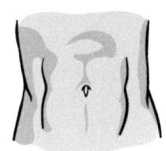

αφαλός

el ombligo

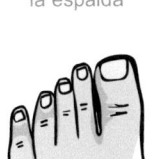

δάχτυλο ποδιού

el dedo del pie

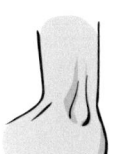

φτέρνα

el talón

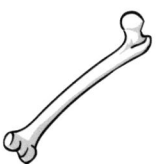

κόκκαλο

el hueso

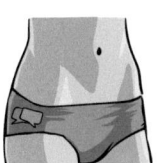

γοφός

la cadera

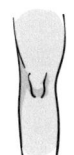

γόνατο

la rodilla

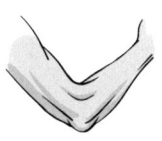

αγκώνας

el codo

μύτη

la nariz

γλουτός

el trasero

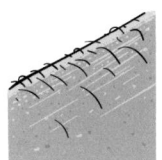

δέρμα

la piel

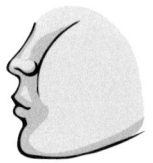

μάγουλο

la mejilla

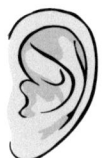

αυτί

el oído

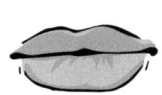

χείλος

el labio

σώμα - el cuerpo

69

	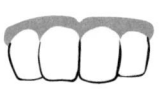	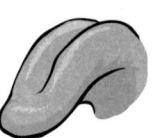
στόμα	δόντι	γλώσσα
la boca	el diente	la lengua

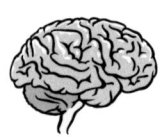		
εγκέφαλος	καρδιά	μυς
el cerebro	el corazón	el músculo

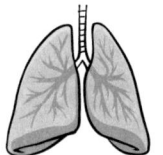		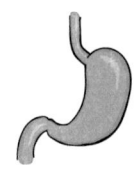
πνεύμονας	συκώτι	στομάχι
el pulmón	el hígado	el estómago

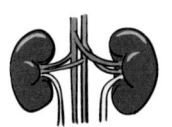		
νεφρά	σεξουαλική επαφή	προφυλακτικό
los riñones	el sexo	el condón

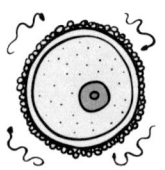		
ωάριο	σπέρμα	εγκυμοσύνη
el ovario	el semen	el embarazo

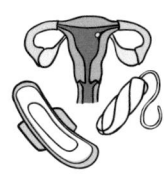

περίοδος

la menstruación

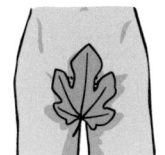

γυναικείος κόλπος

la vagina

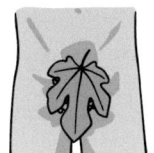

πέος

el pene

φρύδι

la ceja

μαλλιά

el pelo

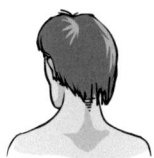

λαιμός

el cuello

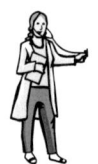

νοσοκομείο
el hospital

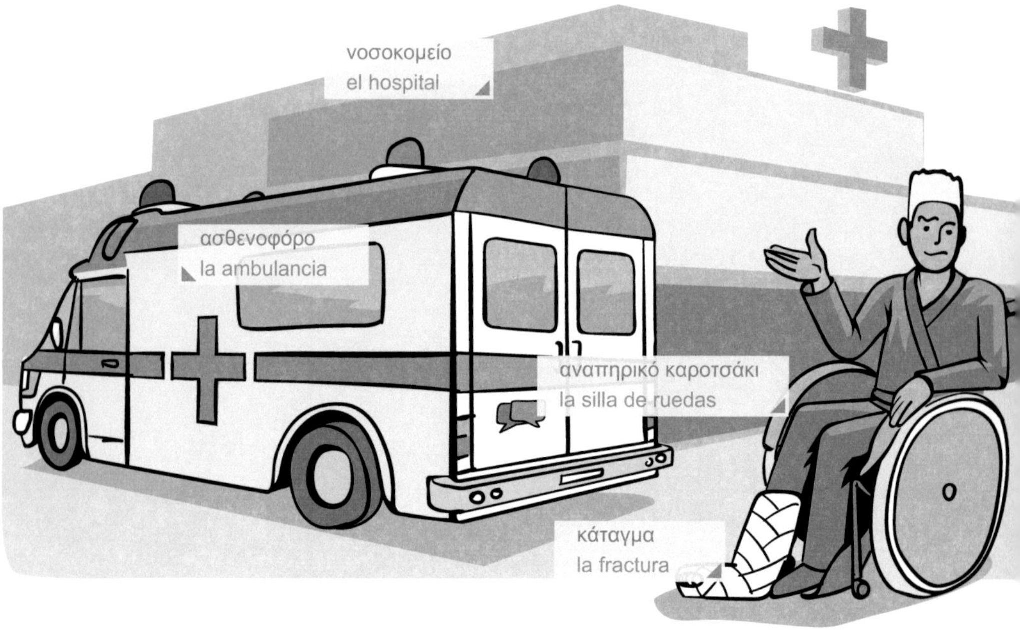

νοσοκομείο
el hospital
ασθενοφόρο
la ambulancia
αναπηρικό καροτσάκι
la silla de ruedas
κάταγμα
la fractura

γιατρός

....

el médico

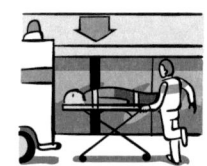

μονάδα εντατικής θεραπείας

....

la sala de urgencias

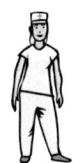

νοσοκόμα

....

la enfermera

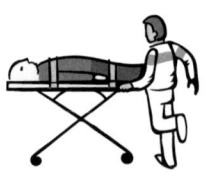

έκτακτη ανάγκη

....

la urgencia

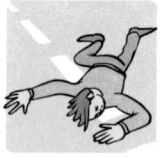

λιπόθυμος

....

inconsciente

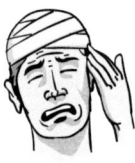

πόνος

....

el dolor

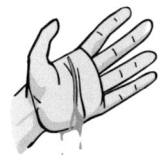

τραύμα

la lesión

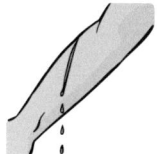

αιμορραγία

la hemorragia

έμφραγμα

el infarto

εγκεφαλικό

el ictus

αλλεργία

la alergia

βήχας

la tos

πυρετός

la fiebre

γρίπη

la gripe

διάρροια

la diarrea

πονοκέφαλος

el dolor de cabeza

καρκίνος

el cáncer

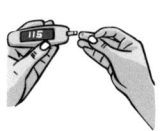

διαβήτης

la diabetes

χειρουργός

el cirujano

νυστέρι

el bisturí

εγχείρηση

la operación

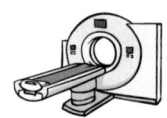	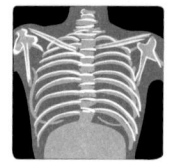	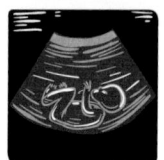
αξονική τομογραφία	ακτινογραφία	υπέρηχος
TAC	los rayos x	el ultrasonido

μάσκα	ασθένεια	αίθουσα αναμονής
la mascarilla	la enfermedad	la sala de espera
	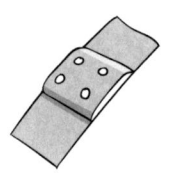	
πατερίτσα	χάνσαπλαστ	επίδεσμος
la muleta	la tirita	la venda
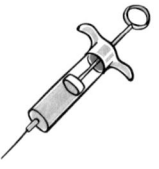	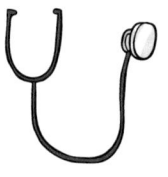	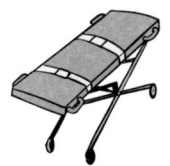
ένεση	στηθοσκόπιο	φορείο
la inyección	el estetoscopio	la camilla

θερμόμετρο	γέννηση	υπέρβαρο
el termómetro	el nacimiento	el sobrepeso

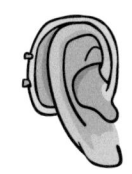

ακουστικό βαρηκοΐας

el audífono

αντισηπτικό

el desinfectante

λοίμωξη

la infección

ιός

el virus

HIV/AIDS

VIH / SIDA

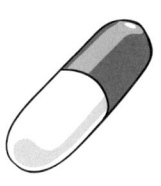

φάρμακο

la medicina

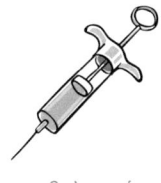

εμβολιασμός

la vacunación

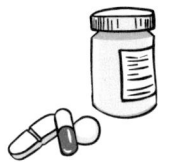

δισκία

las tabletas

χάπι

la pastilla

κλήση έκτακτης ανάγκης

la llamada de urgencia

πιεσόμετρο αίματος

el tensiómetro

άρρωστος / υγιής

enfermo / sano

Βοήθεια!
¡Socorro!

συναγερμός
la alarma

βιαιοπραγία
el asalto

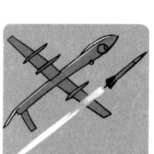
επίθεση
el ataque

κίνδυνος
el peligro

έξοδος κινδύνου
la salida de emergencia

Φωτιά!
¡Fuego!

πυροσβεστήρας
el extintor de incendios

ατύχημα
el accidente

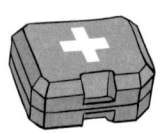
κουτί πρώτων βοηθειών
el botiquín de primeros auxilios

SOS
SOS

αστυνομία
la policía

Ευρώπη

Europa

Βόρεια Αμερική

Norteamérica

Νότια Αμερική

Sudamérica

Αφρική

África

Ασία

Asia

Αυστραλία

Australia

Ατλαντικός Ωκεανός

el atlántico

Ειρηνικός Ωκεανός

el Pacífico

Ινδικός Ωκεανός

el Océano Índico

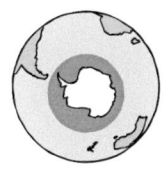

Ανταρκτικός Ωκεανός

el Océano Antártico

Αρκτικός Ωκεανός

el Océano Ártico

Βόρειος Πόλος

el polo norte

Νότιος Πόλος

el polo sur

Ανταρκτική

La Antártida

Γη

la tierra

γη

la tierra

θάλασσα

el mar

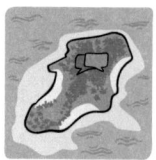

νησί

la isla

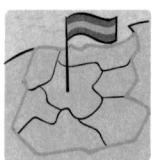

έθνος

la nación

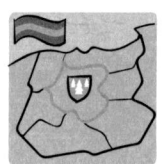

πολιτεία

el estado

καντράν ρολογιού

la esfera

ωροδείκτης

la manecilla de las horas

λεπτοδείκτης

el minutero

δείκτης δευτερολέπτων

el segundero

Τι ώρα είναι;

¿Qué hora es?

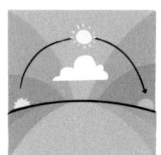

ημέρα

el día

χρόνος

el tiempo

τώρα

ahora

ψηφιακό ρολόι

el reloj digital

λεπτό

el minuto

ώρα

la hora

εβδομάδα
la semana

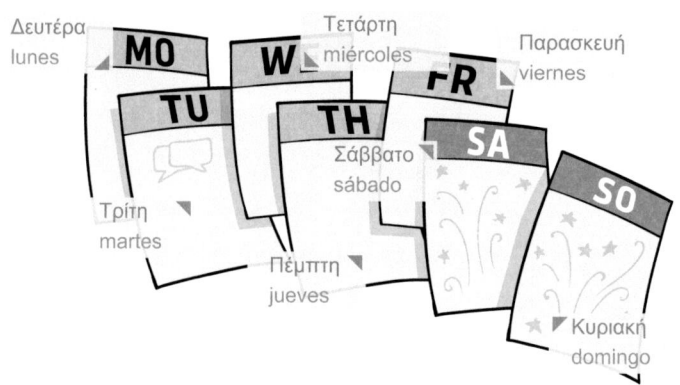

Δευτέρα / lunes — MO
Τετάρτη / miércoles — W
Παρασκευή / viernes — FR
TU
TH
Σάββατο / sábado — SA
Τρίτη / martes
SO
Πέμπτη / jueves
Κυριακή / domingo

χθες

ayer

σήμερα

hoy

αύριο

mañana

πρωί

la mañana

μεσημέρι

el mediodía

βράδυ

la tarde

MO	TU	WE	TH	FR	SA	SU
1	2	3	4	5	6	7
8	9	10	11	12	13	14
15	16	17	18	19	20	21
22	23	24	25	26	27	28
29	30	31	1	2	3	4

εργάσιμες ημέρες

los días laborables

MO	TU	WE	TH	FR	SA	SU
1	2	3	4	5	6	7
8	9	10	11	12	13	14
15	16	17	18	19	20	21
22	23	24	25	26	27	28
29	30	31	1	2	3	4

Σαββατοκύριακο

el fin de semana

βροχή
la lluvia

ουράνιο τόξο
el arcoíris

χιόνι
la nieve

άνεμος
el viento

άνοιξη
la primavera

φθινόπωρο
el otoño

καλοκαίρι
el verano

χειμώνας
el invierno

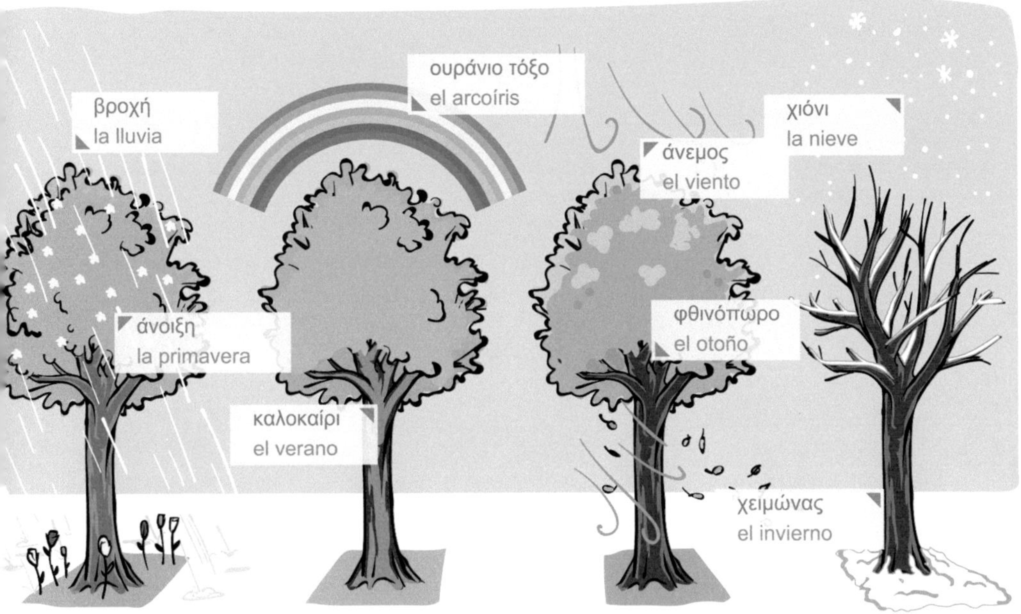

πρόγνωση καιρού

el pronóstico del tiempo

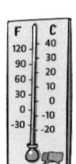

θερμόμετρο

el termómetro

λιακάδα

el sol

σύννεφο

la nube

ομίχλη

la niebla

υγρασία

la humedad

αστραπή

el rayo

κεραυνός

el trueno

καταιγίδα

la tormenta

χαλάζι

el granizo

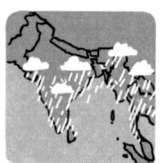

μουσώνας

el monzón

πλημμύρα

la inundación

πάγος

el hielo

Ιανουάριος

enero

Φεβρουάριος

febrero

Μάρτιος

marzo

Απρίλιος

abril

Μάιος

mayo

Ιούνιος

junio

Ιούλιος

julio

Αύγουστος

agosto

Σεπτέμβριος

septiembre

Οκτώβριος

octubre

Νοέμβριος

noviembre

Δεκέμβριος

diciembre

σχήματα
las formas

κύκλος

el círculo

τετράγωνο

el cuadrado

ορθογώνιο
παραλληλόγραμμο
el rectángulo

τρίγωνο

el triángulo

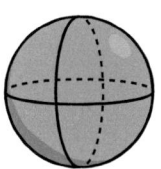

σφαίρα

la esfera

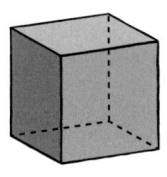

κύβος

el cubo

άσπρο

blanco

κίτρινο

amarillo

πορτοκαλί

anaranjado

ροζ

rosa

κόκκινο

rojo

μωβ

morado

μπλε

azul

πράσινο

verde

καφέ

marrón

γκρι

gris

μαύρο

negro

πολύ / λίγο
mucho / poco

θυμωμένος / ήρεμος
enojado / tranquilo

όμορφος / άσχημος
bonito / feo

αρχή / τέλος
principio / fin

μεγάλος / μικρός
grande / pequeño

φωτεινός / σκοτεινός
claro / oscuro

αδελφός / αδελφή
el hermano / la hermana

καθαρός / λερωμένος
limpio / sucio

πλήρης / ατελής
completo / incompleto

ημέρα / νύχτα
el día / la noche

νεκρός / ζωντανός
muerto / vivo

φαρδύς / στενός
ancho / estrecho

βρώσιμος / μη βρώσιμος

comestible / no comestible

κακός / ευγενικός

malo / amable

ενθουσιασμένος / βαριεστημένος

entusiasmado / aburrido

παχύς / λεπτός

gordo / delgado

πρώτος / τελευταίος

primero / último

φίλος / εχθρός

el amigo / el enemigo

γεμάτος / άδειος

lleno / vacío

σκληρός / μαλακός

duro / blando

βαρύς / ελαφρύς

pesado / ligero

πείνα / δίψα

el hambre / la sed

άρρωστος / υγιής

enfermo / sano

παράνομος / νόμιμος

ilegal / legal

έξυπνος / χαζός

inteligente / tonto

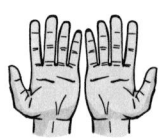

αριστερός / δεξιός

izquierda / derecha

κοντινός / μακρινός

cerca / lejos

καινούριος /
μεταχειρισμένος
nuevo / usado

τίποτα / κάτι
nada / algo

γέρος | νέος
viejo / joven

αναμμένος / σβηστός
encendido / apagado

ανοιχτός / κλειστός
abierto / cerrado

χαμηλόφωνος /
μεγαλόφωνος
silencioso / ruidoso

πλούσιος / φτωχός
rico / pobre

σωστός / λανθασμένος
correcto / incorrecto

τραχύς / λείος
áspero / suave

λυπημένος / χαρούμενος
triste / contento

κοντός / μακρύς
corto / largo

αργός / γρήγορος
lento / rápido

υγρός / στεγνός
húmedo / seco

ζεστός / δροσερός
cálido / frío

πόλεμος / ειρήνη
guerra / paz

αριθμοί
los números

0
μηδέν
cero

1
ένα
uno

2
δύο
dos

3
τρία
tres

4
τέσσερα
cuatro

5
πέντε
cinco

6
έξι
seis

7
εφτά
siete

8
οκτώ
ocho

9
εννιά
nueve

10
δέκα
diez

11
έντεκα
once

12	13	14
δώδεκα	δεκατρία	δεκατέσσερα
doce	trece	catorce

15	16	17
δεκαπέντε	δεκαέξι	δεκαεφτά
quince	dieciséis	diecisiete

18	19	20
δεκαοκτώ	δεκαεννέα	είκοσι
dieciocho	diecinueve	veinte

100	1.000	1.000.000
εκατό	χίλια	εκατομμύριο
cien	mil	el millón

Αγγλικά

el inglés

Αμερικάνικα Αγγλικά

el inglés americano

Μανδαρίνικα Κινέζικα

el chino madarín

Χίντι

el hindi

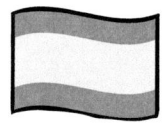

Ισπανικά

el español

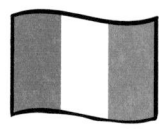

Γαλλικά

el francés

Αραβικά

el árabe

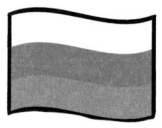

Ρώσικα

el ruso

Πορτογαλικά

el portugués

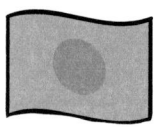

Μπενγκάλι

el bengalí

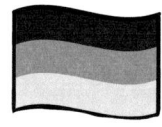

Γερμανικά

el alemán

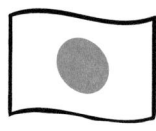

Ιαπωνικά

el japonés

εγώ

yo

εσύ

tú

αυτός / αυτή / αυτό

él / ella / ello

εμείς

nosotros/as

εσείς

vosotros/as

αυτοί / αυτές / αυτά

ellos/as

ποιος / ποια / ποιο;

¿quién?

τι;

¿qué?

πώς;

¿cómo?

πού;

¿dónde?

πότε;

¿cuándo?

όνομα

el nombre

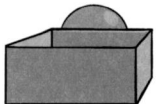

πίσω
detrás

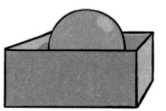

μέσα
en

μπροστά
delante de

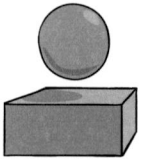

πάνω από
por encima de

πάνω
sobre

κάτω
debajo de

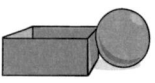

δίπλα
junto a

ανάμεσα
entre

μέρος
el lugar